ケンカの
いいところは、
仲直りが
できることね。

真の友情は災難にあったときに、
かる。

見つけよう！

ぼくの、わたしの、座《ざ》右《ゆう》の銘《めい》

友だち

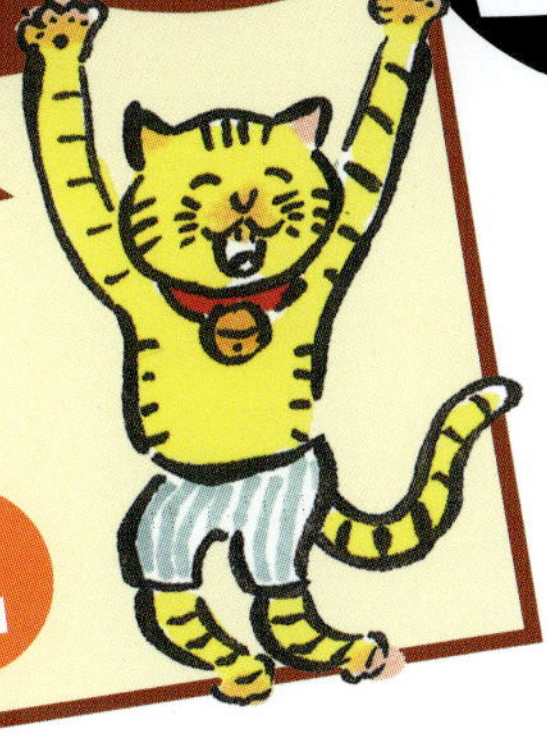

2

教育画劇

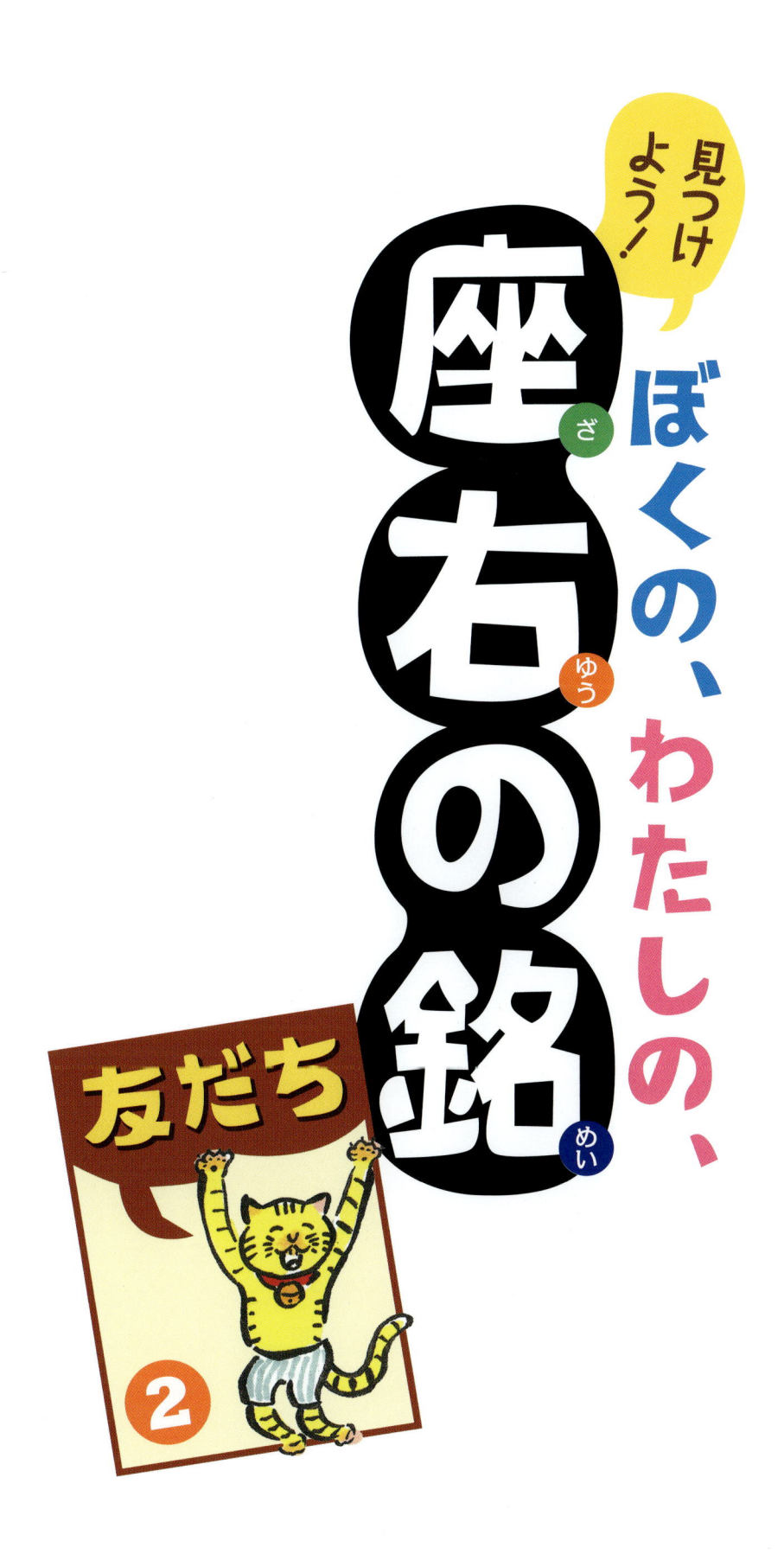

はじめに

座右《ざゆう》の銘《めい》ってなんだろう？

「座右《ざゆう》」というのは座席《ざせき》の右《みぎ》を指《さ》し、〝すぐそば〟を表《あらわ》します。「銘《めい》」は金属《きんぞく》や石《いし》に刻《きざ》んで記《しる》すことで、そこから〝心《こころ》に刻《きざ》んで忘《わす》れない〟という意味《いみ》があります。つまり、座右《ざゆう》の銘《めい》とは、心《こころ》にいつも留《と》めておく大切《たいせつ》な言葉《ことば》なのです。

さて、どんな言葉《ことば》をきみの座右《ざゆう》の銘《めい》にしたらいいでしょう。言葉《ことば》の持《も》つ力《ちから》は様々《さまざま》です。迷《まよ》ったときは左《ひだり》の五《いつ》つの力《ちから》を考《かんが》えたり、4ページの「キーワード別名言《べつめいげん》さくいん」を参考《さんこう》にしてください。けれども、一番《いちばん》よい決《き》め方《かた》は、何《なに》よりきみが心《こころ》から好《す》きになった言葉《ことば》ですよ。

一、その言葉《ことば》にはげまされる
一、その言葉《ことば》にいやされる
一、なやんだ時《とき》の道《みち》しるべとなる
一、過《あやま》ちのないように戒《いまし》めとする
一、がんばる力《ちから》がわいてくる

身近《みぢか》な人《ひと》に座右《ざゆう》の銘《めい》を聞《き》いてみよう

ぼくの座右《ざゆう》の銘《めい》は、**「人生《じんせい》から友情《ゆうじょう》を取《と》り去《さ》るのは、この世界《せかい》から太陽《たいよう》を取《と》り去《さ》るようなもの」**です。古代《こだい》ローマの哲学者《てつがくしゃ》、キケロの言葉《ことば》。ぼくは今《いま》まで何度《なんど》も友《とも》だちに助《たす》けられてきたから、友情《ゆうじょう》は絶対必要《ぜったいひつよう》だなあ。

近所《きんじょ》の大学生《だいがくせい》

座右《ざゆう》の銘《めい》なら、**「人間《にんげん》どうしは逢《あ》ったときが正月《しょうがつ》だ」**だね。山本周五郎《やまもとしゅうごろう》という小説家《しょうせつか》の言葉《ことば》だよ。お正月《しょうがつ》に、なんでも「初《はつ》」をつけて祝《いわ》い楽《たの》しむように、新《あたら》しい出会《であ》いをいつも祝《いわ》い喜《よろこ》ぼう！

親《しん》せきのおじさん

「全《すべ》ての人《ひと》には個性《こせい》の美《うつく》しさがある」という、思想家《しそうか》エマーソンの言葉《ことば》を大切《たいせつ》にしています。「個性《こせい》がほしい」と外見《がいけん》をがんばっていた頃《ころ》もありましたが、今《いま》は自分《じぶん》の内面《ないめん》を見《み》つめています。

近所《きんじょ》のお姉《ねえ》さん

もくじ

はじめに——2
キーワード別《べつ》名言《めいげん》さくいん——4

「本当《ほんとう》の友《とも》だちがほしい」と思《おも》ったら 6
友《とも》だちは力《ちから》の源《みなもと》 8
たがいの個性《こせい》を認《みと》め合《あ》おう 10
人間関係《にんげんかんけい》がうまくいく人《ひと》づき合《あ》い術《じゅつ》 14
人《ひと》はうわべで判断《はんだん》してはいけない 16
カンペキな人間《にんげん》なんていないもんだ 18
“言葉《ことば》”について考《かんが》えよう 22
やっかいな感情《かんじょう》をコントロールするには 24
恋《こい》について知《し》っておきたいこと 26
生命《せいめい》の尊《とうと》さが人《ひと》と人《ひと》をつなげている 30

コラム

世界《せかい》の友情《ゆうじょう》を知《し》る 食《た》べものことわざ集《しゅう》——12
友情《ゆうじょう》をえがいた物語《ものがたり》 心《こころ》に友情《ゆうじょう》の種《たね》をまこう——13
ほめ上手《じょうず》になろう 使《つか》ってみたいほめ言葉《ことば》——20
名言《めいげん》から学《まな》ぶ 恋《こい》のアドバイス——28
思《おも》いやりにあふれた マザー・テレサの言葉《ことば》たち——29

●この本《ほん》では、たくさんの名言《めいげん》や金言《きんげん》と出会《であ》えます。
●解説《かいせつ》には、言葉《ことば》の意味《いみ》を理解《りかい》するためのヒントがあります。
●文学《ぶんがく》、歴史《れきし》、科学《かがく》などの主要《しゅよう》な人物《じんぶつ》について知《し》ることができます。

ねこ先生《せんせい》

キーワード別《べつ》 名言《めいげん》さくいん

勇気《ゆうき》がわく言葉《ことば》

真《しん》の友情《ゆうじょう》はゆっくり成長《せいちょう》する植物《しょくぶつ》である。
友情《ゆうじょう》と呼《よ》ぶにふさわしいところまで成長《せいちょう》するには…… 6

いまだかつて一度《いちど》も敵《てき》をつくった事《こと》のないような…… 7

われわれを助《たす》けてくれるものは、友人《ゆうじん》の援助《えんじょ》そのもの
というよりは、友人《ゆうじん》の援助《えんじょ》があるという確信《かくしん》である。 9

自分《じぶん》の前《まえ》にいっぱい敵《てき》が現《あらわ》れたとき、ふり返《かえ》って…… 9

人《ひと》の心《こころ》はパラシュートのようなものだ…… 14

もし自分《じぶん》がまちがっていたと素直《すなお》に認《みと》める勇気《ゆうき》が…… 18

本当《ほんとう》に心《こころ》の底《そこ》からでたことでなければ、人《ひと》の心《こころ》には…… 22

恋《こい》をして恋《こい》を失《うしな》ったほうが、
一度《いちど》も恋《こい》をしなかったよりもましである。 26

きみがいじめられたとしたら、どんな気《き》がする…… 31

わくわくする言葉《ことば》

友《とも》はメロンのようなものである。というのは…… 6

君《きみ》の友人《ゆうじん》を教《おし》えてくれれば、君《きみ》がどういう人間《にんげん》か…… 7

おれと おまえ ぜんぜん ちがう…… 11

相手《あいて》がワルツを踊《おど》れば私《わたし》もワルツを踊《おど》り…… 14

なにかがわかるまでに、
とても時間《じかん》がかかることが、あるものなのよね。 16

心《こころ》で見《み》なくちゃ、ものごとはよく見《み》えないってことさ。
かんじんなことは、目《め》に見《み》えないんだよ。 17

我《われ》は我《われ》、人《ひと》は人《ひと》にてよく候《そうろう》。 24

愛《あい》し愛《あい》されるということは、両側《りょうがわ》から太陽《たいよう》を…… 26

初恋《はつこい》と最後《さいご》の恋《こい》のちがいを、ご存《ぞん》じ？ 初恋《はつこい》は…… 27

10もらったら自分《じぶん》の1を上乗《うわの》せして…… 31

やる気《き》が出《で》る言葉《ことば》

よき友人《ゆうじん》を得《え》る唯一《ゆいいつ》の方法《ほうほう》は、まず自分《じぶん》が人《ひと》の…… 6

空気《くうき》と光《ひかり》と そして友《とも》だちの愛《あい》
これだけ残《のこ》っていたら、気《き》を落《お》とすことはない。 8

個性《こせい》などというものは、はじめは醜《みにく》い…… 11

なぐるより人《ひと》を笑《わら》わす事《こと》だよ。 15

叱《しか》ってくれる人《ひと》を持《も》つことは大《おお》きな幸福《こうふく》である。 17

しないで済《す》むなら、それに越《こ》したことはない。
だが、草抜《くさぬ》きにもこつがあって…… 25

会《あ》って直《じか》に話《はな》すのが、悪感情《あくかんじょう》を一掃《いっそう》する最上《さいじょう》の方法《ほうほう》…… 25

恋《こい》というものは、オーバーのように、
着《き》たり脱《ぬ》いだりできるものじゃないんだ。 26

心《こころ》をほぐす言葉《ことば》

見《み》えないところで私《わたし》のことを良《よ》く言《い》っている人《ひと》は、私《わたし》の友人《ゆうじん》である。 …… 7
友情《ゆうじょう》は喜《よろこ》びを二倍《にばい》にし、悲《かな》しみを半分《はんぶん》にする。 …… 8
友人《ゆうじん》との自由《じゆう》な会話《かいわ》は、いかなるなぐさめよりも勝《まさ》る。 …… 8
みんなちがって、みんないい。 …… 11
ケンカのいいところは、仲直《なかなお》りができることね。 …… 15
けっきょく、親《おや》だって、人間《にんげん》だもんな…… …… 18
他人《たにん》を許《ゆる》すことのできない人《ひと》は、自分自身《じぶんじしん》が渡《わた》らなければならない橋《はし》を壊《こわ》しているようなものだ…… …… 24
あなたも、私《わたし》たちと同《おな》じように、望《のぞ》まれてこの世《よ》に生《う》まれてきた大切《たいせつ》な人《ひと》なのですよ。 …… 30

ひらめきにつながる言葉《ことば》

この世《よ》には、まったくのわき役《やく》という人間《にんげん》は存在《そんざい》しない。すべての人《ひと》が主人公《しゅじんこう》で、すべての人《ひと》がわき役《やく》だ。 …… 10
おかしな形《かたち》はおかしな形《かたち》なりに均衡《きんこう》があって、それがみんなにとってしあわせな形《かたち》ということも…… …… 11
人《ひと》の長所《ちょうしょ》が多《おお》く目《め》につく人《ひと》は幸《しあわ》せである。 …… 18
欠点《けってん》は常《つね》に裏《うら》から見《み》た長所《ちょうしょ》である。 …… 19
冗談《じょうだん》は、しばしば真実《しんじつ》を伝《つた》える手段《しゅだん》として役立《やくだ》つ。 …… 23
頭《あたま》にきたときは百《ひゃく》まで数《かぞ》えよ。最悪《さいあく》のときは毒《どく》づけ。 …… 25
人《ひと》は愛《あい》することばかりを学《まな》んではいけません。愛《あい》されるように努力《どりょく》することも大切《たいせつ》です。 …… 27
自分《じぶん》に誠実《せいじつ》でないものは、決《けっ》して他人《たにん》に誠実《せいじつ》であり得《え》ない。 …… 30

考《かんが》える力《ちから》がつく言葉《ことば》

真《しん》の友情《ゆうじょう》は災難《さいなん》にあったときに、はじめてわかる。 …… 9
人《ひと》の数《かず》だけ意見《いけん》がある。 …… 10
心《こころ》のかき根《ね》を作《つく》るのは、相手《あいて》ではなく自分《じぶん》である。 …… 14
我々《われわれ》は耳《みみ》は二《ふた》つ持《も》っているのに、口《くち》は一《ひと》つしか…… …… 15
人間《にんげん》を良《よ》く理解《りかい》する方法《ほうほう》は、たった一《ひと》つしかない。彼《かれ》らを判断《はんだん》するのに決《けっ》して急《いそ》がないことだ。 …… 16
のん気《き》と見《み》える人々《ひとびと》も、心《こころ》の底《そこ》を叩《たた》いて見《み》ると…… …… 16
何《なに》を笑《わら》うかによって、その人《ひと》の人柄《ひとがら》がわかる。 …… 17
欠点《けってん》のない人間《にんげん》はないだろう。友人《ゆうじん》の欠点《けってん》をとがめ…… …… 19
言葉《ことば》は心《こころ》である。言葉《ことば》に心配《こころくば》りがあるのは…… …… 22
たったひとことが人《ひと》の心《こころ》に温《あたた》かみを与《あた》え、たったひとことで人《ひと》の心《こころ》を傷《きず》つける。 …… 22
すべての悪《あく》のうち、うわさがもっともはやし…… …… 23
最《もっと》も仲《なか》のよい同士《どうし》、たがいに認《みと》め合《あ》っている人々《ひとびと》も…… …… 23
憎《にく》しみは人《ひと》を盲目《もうもく》にする。 …… 25
人《ひと》を愛《あい》するということは 知《し》らない人生《じんせい》を知《し》るという…… …… 27
人《ひと》と人《ひと》との絆《きずな》は、当《あ》たり前《まえ》の人間《にんげん》としての行動《こうどう》から…… …… 30

「本当《ほんとう》の友《とも》だちがほしい」と思《おも》ったら

困難《こんなん》を乗《の》り越《こ》えて友情《ゆうじょう》が深《ふか》まっていく

真《しん》の友情《ゆうじょう》はゆっくり成長《せいちょう》する植物《しょくぶつ》である。
友情《ゆうじょう》と呼《よ》ぶにふさわしいところまで成長《せいちょう》するには、
度重《たびかさ》なる危機《きき》にもたえぬかねばならない。

ジョージ・ワシントン
（アメリカ合衆国初代大統領《がっしゅうこくしょだいだいとうりょう》）
1732〜1799

友情《ゆうじょう》は一朝一夕《いっちょういっせき》にはできないもの。友《とも》だちとの間《あいだ》で問題《もんだい》が起《お》きても、あきらめないでいっしょに乗《の》り越《こ》えてみよう。

よい友人《ゆうじん》はやって来《く》るものではなく、自《みずか》ら作《つく》るもの！

よき友人《ゆうじん》を得《え》る唯一《ゆいいつ》の方法《ほうほう》は、
まず自分《じぶん》が人《ひと》のよき友人《ゆうじん》になることである。

ラルフ・W・エマーソン（思想家《しそうか》・詩人《しじん》）
1803〜1882

自分《じぶん》が友《とも》だちを思《おも》いやれば、友《とも》だちもきみを思《おも》いやるだろう。友《とも》だちに意地《いじ》悪《わる》をすれば、やがてそれは自分《じぶん》に返《かえ》ってくる。友《とも》だちは自分《じぶん》を映《うつ》す鏡《かがみ》のようなものなんだ。どうしたら「よき友人《ゆうじん》」になれるか、まずは自分《じぶん》が実行《じっこう》してみよう。

本当《ほんとう》の友《とも》だちをしっかり選《えら》ぼう

友《とも》はメロンのようなものである。
というのは、
おいしいものを見《み》つけるには、
百《ひゃく》も食《た》べねばならないからだ。

クロード・メルメ（詩人《しじん》）
1550〜1605

昔《むかし》はおいしいメロンを見《み》つけるのが大変《たいへん》だったんだね。メロンを人《ひと》との出会《であ》いにたとえた言葉《ことば》だよ。

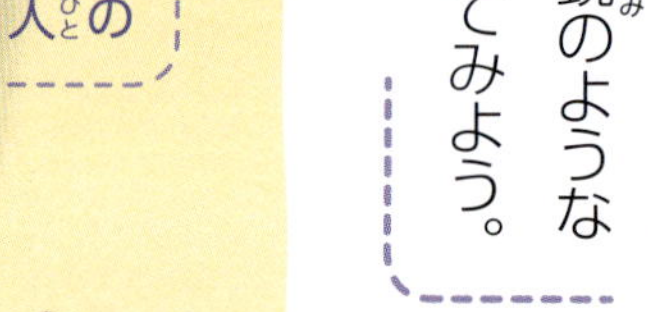

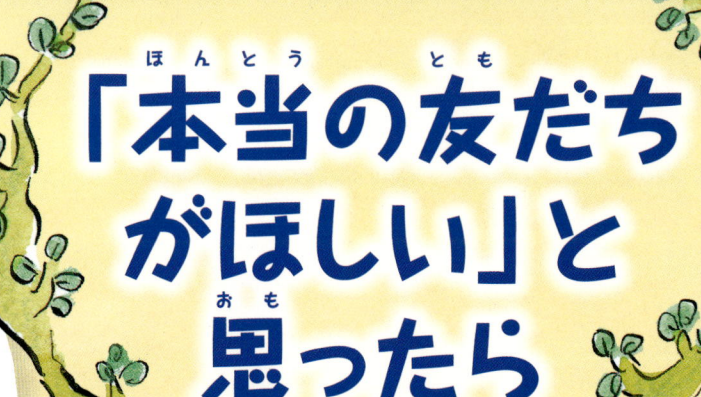

“類《るい》は友《とも》を呼《よ》ぶ”ともいうよ

君《きみ》の友人《ゆうじん》を教《おし》えてくれれば、君《きみ》がどういう人間《にんげん》か言《い》ってみせよう。

セルバンテス（小説家《しょうせつか》）1547〜1616

友《とも》だち同士《どうし》には似《に》ているところがある。好《す》きなものや物事《ものごと》の感《かん》じ方《かた》が似《に》ている人《ひと》は、友《とも》だち候補《こうほ》だ。

いっしょにいないときも友《とも》だちは友《とも》だち

見《み》えないところで私《わたし》のことを良《よ》く言《い》っている人《ひと》は、私《わたし》の友人《ゆうじん》である。

トマス・フラー（神学者《しんがくしゃ》・歴史家《れきしか》）1608〜1661

本人《ほんにん》の前《まえ》ではよく言《い》っても、かげで悪口《わるくち》を言《い》う人《ひと》は信用《しんよう》できない。裏表《うらおもて》のない人《ひと》こそ、よい友《とも》だちだ。

勇気《ゆうき》を持《も》って本当《ほんとう》の自分《じぶん》を出《だ》してみよう

いまだかつて一度《いちど》も敵《てき》をつくった事《こと》のないような人間《にんげん》は、決《けっ》して友人《ゆうじん》をもたない。

アルフレッド・テニスン（詩人《しじん》）1809〜1892

「みんなから好《す》かれたい」「だれにもきらわれたくない」と思《おも》ってがんばったり、自分《じぶん》をおさえたりしていたら、とてもつかれてしまう。むしろ、自分《じぶん》の本当《ほんとう》の気持《きも》ちを出《だ》せば、本音《ほんね》で向《む》き合《あ》える真《しん》の友《とも》だちができるはずだよ。

友《とも》だち作《づく》りにはげむきみへ

相手《あいて》に求《もと》めることは、まず自分《じぶん》が行《おこな》おう。友情《ゆうじょう》の実《み》がみのるまで、友《とも》だちと共《とも》に成長《せいちょう》していくといいよ。

出典《しゅってん》『王の偶像』アルフレッド・テニスン

友《とも》だちは力《ちから》の源《みなもと》

喜《よろこ》びも
悲《かな》しみも
分《わ》かち合《あ》えたら
いいね

友情《ゆうじょう》は喜《よろこ》びを二倍《にばい》にし、悲《かな》しみを半分《はんぶん》にする。

フリードリヒ・シラー（詩人《しじん》・劇作家《げきさっか》）1759〜1805

うれしいことがあって友《とも》だちがいっしょに喜《よろこ》んでくれると、幸《しあわ》せな気持《きも》ちはもっとふくらむ。悲《かな》しいことを聞《き》いてもらうと、心《こころ》の苦《くる》しみはだんだんやわらいでくる。もちろん、きみが友《とも》だちの話《はなし》を聞《き》く側《がわ》になることもあるよ。

すばらしいものを
きみは持《も》っている

空気《くうき》と光《ひかり》と そして友《とも》だちの愛《あい》 これだけ残《のこ》っていたら、気《き》を落《お》とすことはない。

ゲーテ（詩人《しじん》・小説家《しょうせつか》）1749〜1832

地球《ちきゅう》をつくりあげた空気《くうき》と光《ひかり》ほどの力《ちから》が、友《とも》だちにはある。心《こころ》から通《つう》じ合《あ》っている親友《しんゆう》さえいれば、新《あら》たな力《ちから》がわいてくる！

気《き》づいたら元気《げんき》に
なってるものさ

友人《ゆうじん》との自由《じゆう》な会話《かいわ》は、いかなるなぐさめよりも勝《まさ》る。

デイヴィッド・ヒューム（哲学者《てつがくしゃ》）1711〜1776

何《なに》かいやなことがあっても、仲《なか》のよい友《とも》だちとたわいない話《はなし》をしているだけで、心《こころ》がほぐれて元気《げんき》が出《で》てくるよ。

思《おも》わぬ友《とも》だちがたくさんいるはず

自分《じぶん》の前《まえ》にいっぱい敵《てき》が現《あらわ》れたとき、ふり返《かえ》って見《み》るがいい。味方《みかた》だっていっぱいいるものだ。

生田長江《いくたちょうこう》（評論家《ひょうろんか》）1882〜1936

孤独《こどく》を感《かん》じ助《たす》けがない状況《じょうきょう》と思《おも》えても、〝全世界《ぜんせかい》〟がきみの敵《てき》になることは絶対《ぜったい》にない！　この世《よ》に必《かなら》ず、光《ひかり》と闇《やみ》、表《おもて》と裏《うら》、天《てん》と地《ち》と対《つい》になるものがあるように、敵《てき》がいるなら味方《みかた》もいる。味方《みかた》がいれば、きっとがんばれる！

友《とも》だちが困《こま》っていたらどうする？

真《しん》の友情《ゆうじょう》は災難《さいなん》にあったときに、はじめてわかる。

イソップ（ぐう話作家《わさっか》）紀元前《きげんぜん》6世紀頃《せいきごろ》

いいときも悪《わる》いときも変《か》わらない友《とも》だちでいよう。相手《あいて》が苦《くる》しいときこそ、手《て》を差《さ》しのべられる人《ひと》になろう。

友《とも》だちがいるから勇気《ゆうき》がわく！

われわれを助《たす》けてくれるものは、友人《ゆうじん》の援助《えんじょ》そのものというよりは、友人《ゆうじん》の援助《えんじょ》があるという確信《かくしん》である。

エピクロス（哲学者《てつがくしゃ》）BC341頃《ころ》〜BC270頃《ころ》

「確信《かくしん》」や「信頼《しんらい》」は見《み》たりさわったりできない。それでも、人《ひと》の心《こころ》に勇気《ゆうき》を与《あた》える大《おお》きな力《ちから》になるんだ。

友《とも》だちから力《ちから》をもらったら

次《つぎ》は、きみが困《こま》っている友《とも》だちの力《ちから》になる番《ばん》だ。友《とも》だちがいてよかったと思《おも》うしゅん間《かん》を増《ふ》やしていこう。

出典《しゅってん》　『ゲーテ格言集』ヨハン・ヴォルフガング・フォン・ゲーテ（新潮社）、『イソップ物語』イソップ

たがいの個性《こせい》を認《みと》め合《あ》おう

この世《よ》には、まったくのわき役《やく》という人間《にんげん》は存在《そんざい》しない。すべての人《ひと》が主人公《しゅじんこう》で、すべての人《ひと》がわき役《やく》だ。

山田風太郎《やまだふうたろう》(小説家《しょうせつか》) 1922~2001

きみはきみ自身《じしん》の人生《じんせい》の主役《しゅやく》だ。そして、その人《ひと》他人《たにん》にも同《おな》じように人生《じんせい》があって、その人《ひと》が主役《しゅやく》の物語《ものがたり》がある。不思議《ふしぎ》な感《かん》じがするかな? ほかの人《ひと》の人生《じんせい》も、自分《じぶん》の人生《じんせい》も、同《おな》じように大切《たいせつ》に感《かん》じられる心《こころ》を持《も》とう。

忘《わす》れがちだけど
大事《だいじ》なこと
だよね

人《ひと》の数《かず》だけ意見《いけん》がある。

プブリウス・テレンチ(劇作家《げきさっか》) BC185頃《ころ》~BC159

多数決《たすうけつ》で決《き》めると気《き》づきにくいけど、一人《ひとり》一人《ひとり》に聞《き》いてみると、それぞれいろんな意見《いけん》を持《も》っているものだよ。

一人一人《ひとりひとり》の
個性《こせい》が
キラキラと
輝《かがや》いている

みんなちがって、みんないい。

金子《かねこ》みすゞ《ず》（詩人《しじん》）1903～1930

勉強《べんきょう》が得意《とくい》な人《ひと》、運動《うんどう》が得意《とくい》な人《ひと》、おもしろい人《ひと》、おとなしい人《ひと》。クラスにはいろいろな友《とも》だちがいる。みんなが別々《べつべつ》の個性《こせい》を持《も》っている。それはどれがいいとか、どれがだめとかじゃない。みんなちがって、すばらしいのだ。

個性《こせい》はいろいろ。
人間《にんげん》は持《も》ちつ持《も》たれつ

おかしな形《かたち》は
おかしな形《かたち》なりに均衡《きんこう》があって、
それがみんなにとって
しあわせな形《かたち》ということも、
あるんじゃないかなあ。

向田邦子《むこうだくにこ》（脚本家《きゃくほんか》・小説家《しょうせつか》）1929～1981

いろんな人《ひと》がいてこの世界《せかい》が成《な》り立《た》っている。別々《べつべつ》の個性《こせい》が別々《べつべつ》のところで不思議《ふしぎ》に支《ささ》え合《あ》っていて、それぞれ役《やく》に立《た》っているんだよ。

好《す》きになれば
もう友《とも》だちだ

おれと おまえ
ぜんぜん ちがう。
だけど すき。
だから ともだち。

きたやまようこ（絵本作家《えほんさっか》）1949～

個性《こせい》は全然《ぜんぜん》ちがっても、相性《あいしょう》がとてもいいこともある。「ぜんぜんちがうけど好《す》き」って大事《だいじ》な精神《せいしん》だね。

個性《こせい》はのばすもの。
まだまだこれから！

個性《こせい》などというものは、
はじめは醜《みにく》い、
ぶざまな恰好《かっこう》を
しているものだ。

三島由紀夫《みしまゆきお》（小説家《しょうせつか》）1925～1970

きみは自分《じぶん》の個性《こせい》に自信《じしん》がないかもしれない。でも、今《いま》はまだ成長《せいちょう》の途中《とちゅう》。あせることなんてないさ。

自分《じぶん》の個性《こせい》を知《し》りたいとき

自分《じぶん》の好《す》きなものに、とことん熱中《ねっちゅう》してみよう。その中《なか》から、きっと“自分《じぶん》らしさ”が見《み》えてくるよ。

出典《しゅってん》 『わたしと小鳥とすずと』金子みすゞ（JURA出版局）、『ゆうたはともだち』きたやまようこ（あかね書房）、『フォルミオ』ププリウス・テレンチ

世界《せかい》の友情《ゆうじょう》を知《し》る

食《た》べものことわざ集《しゅう》

世界《せかい》の料理《りょうり》が登場《とうじょう》する、おいしそうなことわざたち。

いつも食《た》べている料理《りょうり》やまれにみるごちそうが、いろいろな友《とも》だち関係《かんけい》にたとえられているよ。

餃子《ギョーザ》には箸《はし》が要《い》り、旅《たび》には道連《みちづ》れが要《い》る

中華人民共和国《ちゅうかじんみんきょうわこく》（中国《ちゅうごく》）

＊餃子《ギョーザ》を食《た》べるとき箸《はし》が必要《ひつよう》なように、旅《たび》にはいっしょに行《い》く友《とも》が欠《か》かせない。人生《じんせい》という旅《たび》にも友《とも》が必要《ひつよう》だね。

友人《ゆうじん》のいない人生《じんせい》は塩気《しおけ》のないピラフである

ウズベキスタン

＊ウズベキスタンでピラフはごちそうだが、塩《しお》を入《い》れ忘《わす》れたピラフはおいしくない。まるで友《とも》だちのいない味気《あじけ》ない毎日《まいにち》のように。

ザリガニは分《わ》けたりせずに全部《ぜんぶ》くれてやれ

マオリ族《ぞく》（ニュージーランド）

＊マオリ族《ぞく》はニュージーランドの先住民《せんじゅうみん》。気前《きまえ》よくまるごとザリガニをプレゼントすることで、親《した》しみを表《あらわ》すんだ。

パスタ無《な》しのラプシャを探《さが》すな、欠点《けってん》の無《な》い友《とも》を探《さが》すな

タタールスタン共和国《きょうわこく》

＊ラプシャは麺《めん》（パスタ）入《い》りのスープのこと。麺《めん》の入《はい》っていないラプシャがないように、欠点《けってん》がない人《ひと》もいない。

突然《とつぜん》アルマジロを贈《おく》られる

アルゼンチン

＊アルマジロの肉料理《にくりょうり》はアルゼンチンのごちそう。不意《ふい》に友《とも》だちが会《あ》いに来《き》てくれるのは、突然《とつぜん》アルマジロの料理《りょうり》を出《だ》されたように、うれしくて素敵《すてき》なことだ、というたとえ。

友情《ゆうじょう》をえがいた物語《ものがたり》

心《こころ》に友情《ゆうじょう》の種《たね》をまこう

主人公《しゅじんこう》といっしょに笑《わら》っておこって考《かんが》えて…。本《ほん》は心《こころ》を育《そだ》ててくれるぞ。

トム・ソーヤーの冒険《ぼうけん》
マーク・トウェイン

（岩波少年文庫）

「それ、おまえのことなんだぜ、ハック。おまえ、そんなこと言《い》われるの、いやだろ？ おれだって、いやだな」――トムからハックへ

友《とも》だちの〝宿《やど》なし少年《しょうねん》〟ハックが、引《ひ》き取《と》られた新《あたら》しい家《いえ》にどうしてもなじめず、逃《に》げ出《だ》そうとしたときにトムが言《い》った言葉《ことば》。友《とも》だちが悪《わる》く言《い》われるのは自分《じぶん》もいやだ、トムの思《おも》いでハックはとどまることに。『ハックルベリー・フィンの冒険《ぼうけん》』も名作《めいさく》だ。

赤毛《あかげ》のアン
L・M・モンゴメリ

（ポプラポケット文庫）

「あのう、あのう、ねえ、あんた、あたしを少《すこ》しばかり好《す》きになれると思《おも》って？ あたしの腹心《ふくしん》の友《とも》となってくれて？」――アンからダイアナへ

手《て》ちがいで、男《おとこ》の子《こ》がほしい老夫婦《ろうふうふ》のもとにやって来《き》た孤児《こじ》の少女《しょうじょ》アンの物語《ものがたり》。アンは、近《ちか》くにダイアナという年《とし》の近《ちか》い女《おんな》の子《こ》がいると聞《き》いて、会《あ》えることをずっと楽《たの》しみにしていた。この言葉《ことば》は、ついに出会《であ》えたときのもの。二人《ふたり》は一生《いっしょう》の友《とも》となる。

スタンド・バイ・ミー
スティーヴン・キング

（新潮文庫）

「おれから離《はな》れるなよ、ゴーディ…離《はな》れずにいてくれよ」――クリス
「ちゃんとここにいるよ」――ゴーディ

小学校《しょうがっこう》を卒業《そつぎょう》し、中学校《ちゅうがっこう》に進《すす》む前《まえ》の休《やす》みに、「森《もり》の奥《おく》に死体《したい》がある」といううわさを確《たし》かめに旅《たび》に出《で》た少年《しょうねん》四人《よにん》の物語《ものがたり》。〝心《こころ》から信《しん》じられる友《とも》だちがいる〟ことが、かべに立《た》ち向《む》かう力《ちから》になり、前進《ぜんしん》する強《つよ》さになる。クリスとゴーディが、共《とも》に恐怖《きょうふ》に立《た》ち向《む》かったように。

食《た》べるのも寝《ね》るのも忘《わす》れるくらい夢中《むちゅう》になれる本《ほん》と出会《であ》えたら幸《しあわ》せだよ。本《ほん》だってきみの一生《いっしょう》の友《とも》だちになるだろう。

出典《しゅってん》：『トム・ソーヤーの冒険』下　マーク・トウェイン（岩波書店）、『赤毛のアン』L・M・モンゴメリ（ポプラ社）、『スタンド・バイ・ミー　―恐怖の四季 秋冬編―』スティーヴン・キング（新潮社）

人間関係《にんげんかんけい》がうまくいく人《ひと》づき合《あ》い術《じゅつ》

心《こころ》を開《ひら》こう。気《き》の置《お》けない人間関係《にんげんかんけい》が広《ひろ》がるはず

人《ひと》の心《こころ》はパラシュートのようなものだ。開《ひら》かなければ使《つか》えない。

トーマス・デュワー（実業家《じつぎょうか》）1864～1930

心《こころ》を開《ひら》くことが人《ひと》づき合《あ》いの第一歩《だいいっぽ》だ。思《おも》い切《き》って、自分《じぶん》の心《こころ》をパラシュートのように大《おお》きく開《ひら》いてみよう。きみがどういう人《ひと》かわかれば、会話《かいわ》も生《う》まれ、自然《しぜん》に打《う》ち解《と》けられるはず。自分《じぶん》の心《こころ》は自分《じぶん》でしか開《あ》けられないよ。

相手《あいて》のことをわかろうとしたかな？

心《こころ》のかき根《ね》を作《つく》るのは、相手《あいて》ではなく自分《じぶん》である。

アリストテレス（哲学者《てつがくしゃ》）BC384～BC322

相手《あいて》が自分《じぶん》をきらっているのではなく、実《じつ》は自分《じぶん》が知《し》らず知《し》らずのうちにかべを作《つく》っているのかもしれないよ。

相手《あいて》に合《あ》わせても楽《たの》しめる心《こころ》は最強《さいきょう》

相手《あいて》がワルツを踊《おど》れば私《わたし》もワルツを踊《おど》り、ジルバを踊《おど》れば私《わたし》もジルバを踊《おど》る。

ニック・ボックウィンクル（プロレスラー）1934～2015

相手《あいて》の得意《とくい》なことに合《あ》わせて、相手《あいて》を光《ひか》らせつつ、自分《じぶん》もそれを楽《たの》しんでしまおう！

こぶしより ユーモアの ほうが強《つよ》い

なぐるより人《ひと》を笑《わら》わす事《こと》だよ。

映画《えいが》「スケアクロウ」より

相手《あいて》をこわがらせるのと、雰囲気《ふんいき》を和《なご》ませるのと、どちらが人間関係《にんげんかんけい》をよりよくするだろう？ それはもちろん、和《なご》ませる方《ほう》だね。人間関係《にんげんかんけい》を築《きず》く会話《かいわ》の武器《ぶき》になるのは、ユーモア。パンチよりも言葉《ことば》のセンスをみがこう。

雨《あめ》降《ふ》って、地固《じかた》まるっていうよね！

ケンカのいいところは、仲直《なかなお》りができることね。

映画《えいが》「ジャイアンツ」より

ケンカって、もしかしたら仲直《なかなお》りのためにするんじゃないかな。そういうケンカなら実《みの》りが多《おお》そうだ。

楽《たの》しいおしゃべりのコツは“聞《き》き上手《じょうず》”

我々《われわれ》は耳《みみ》は二《ふた》つ持《も》っているのに、口《くち》は一《ひと》つしか持《も》たないのは、より多《おお》くのことを聞《き》いて、話《はな》す方《ほう》はより少《すく》なくするためなのだ。

ゼノン（哲学者《てつがくしゃ》）BC336頃《ころ》～BC264頃《ころ》

人《ひと》の話《はなし》をようく聞《き》いて、自分《じぶん》の話《はなし》をしようということ。日本《にほん》にも「話《はな》し上手《じょうず》は聞《き》き上手《じょうず》」ということわざがあるよね。

人《ひと》づき合《あ》いにつまづいたとき

相手《あいて》の考《かんが》えや気持《きも》ちを想像《そうぞう》してみよう。相手《あいて》の立場《たちば》に立《た》ってみたとき、解決《かいけつ》の糸口《いとぐち》も見《み》えてくるはず。

出典《しゅってん》 『ギリシア哲学者列伝』ディオゲネス・ラエルティオス（岩波書店）

人《ひと》はうわべで判断《はんだん》してはいけない

一人《ひとり》の人間《にんげん》の中《なか》にはいろんな面《めん》があるんだ

人間《にんげん》を良《よ》く理解《りかい》する方法《ほうほう》は、たった一《ひと》つしかない。彼《かれ》らを判断《はんだん》するのに決《けっ》して急《いそ》がないことだ。

サント・ブーヴ（文芸批評家《ぶんげいひひょうか》）1804〜1869

人《ひと》の一面《いちめん》だけを見《み》て、その人《ひと》がどういう人《ひと》かを決《き》めるのは、早《はや》すぎるかもしれないよ。

だれもが何《なに》かをかかえている

のん気《き》と見《み》える人々《ひとびと》も、心《こころ》の底《そこ》を叩《たた》いて見《み》ると、どこか悲《かな》しい音《おと》がする。

夏目漱石《なつめそうせき》（小説家《しょうせつか》）1867〜1916

これは『吾輩《わがはい》は猫《ねこ》である』の中《なか》の猫《ねこ》の言葉《ことば》。人間《にんげん》の心《こころ》のおくには、表面《ひょうめん》だけでは決《き》めつけられないものがあると感《かん》じ取《と》ったんだね。

最初《さいしょ》の印象《いんしょう》とちがうことってけっこうあるもの

なにかがわかるまでに、とても時間《じかん》がかかることが、あるものなのよね。

トーベ・ヤンソン（画家《がか》・童話作家《どうわさっか》）1914〜2001

「初《はじ》めはいやなヤツだと思《おも》ったけど、話《はな》してみたらすごくいいヤツだった」っていうことあるよね。人間同士《にんげんどうし》って、おたがいを知《し》れば知《し》るほどいろいろな面《めん》が見《み》えてくるもの。最初《さいしょ》からこうと決《き》めつけずに、じっくりつき合《あ》ってみよう。

心《こころ》で見《み》なくちゃ、ものごとはよく見《み》えないってことさ。かんじんなことは、目《め》に見《み》えないんだよ。

サン＝テグジュペリ（小説家《しょうせつか》）1900〜1944

“目《め》に見《み》えないもの”を感《かん》じ取《と》る心《こころ》を育《そだ》てよう

「だいじょうぶ」と言《い》う友《とも》だちの笑顔《えがお》の裏《うら》には、今《いま》にも泣《な》きそうな心《こころ》があるかもしれない。おこるお母《かあ》さんの言葉《ことば》には、がんばってという気《き》持《も》ちがこめられているかもしれない。見《み》えるもの、聞《き》こえるもののおくにある美《うつく》しいものを、心《こころ》で感《かん》じ取《と》ろう。

人《ひと》の失敗《しっぱい》を笑《わら》う人《ひと》もいれば、人《ひと》の成功《せいこう》を笑顔《えがお》でたたえる人《ひと》もいる

何《なに》を笑《わら》うかによって、その人《ひと》の人柄《ひとがら》がわかる。

マルセル・パニョル（小説家《しょうせつか》・劇作家《げきさっか》）1895〜1974

おもしろがるところとその笑《わら》い方《かた》には、人《ひと》の心根《こころね》がちらりと現《あらわ》れるものだ。

しっかりと見《み》てくれているってこと

叱《しか》ってくれる人《ひと》を持《も》つことは大《おお》きな幸福《こうふく》である。

松下幸之助《まつしたこうのすけ》（パナソニックの創業者《そうぎょうしゃ》）1894〜1989

しかるのはきみを大切《たいせつ》に思《おも》っているからなんだ。きみの成長《せいちょう》をしっかり見守《みまも》っていてくれるあかしだよ。

“気《き》づける”ってすごいこと

人《ひと》のかくれた勇気《ゆうき》や、地道《じみち》な努力《どりょく》、さりげないやさしさに気《き》づける人《ひと》は、きっと多《おお》くの人《ひと》からしたわれるだろう。

出典《しゅってん》　『吾輩は猫である』夏目漱石、『ムーミン谷の名言集』ユッカ・パルッキネン 編（講談社）、『星の王子さま』サン＝テグジュペリ（岩波書店）、『松下幸之助「一日一話」』松下幸之助（ＰＨＰ研究所）

カンペキな人間《にんげん》なんていないもんだ

悪《わる》い所《ところ》より、いい所《ところ》を発見《はっけん》できる人《ひと》になろう

人《ひと》の長所《ちょうしょ》が多《おお》く目《め》につく人《ひと》は幸《しあわ》せである。

松下幸之助《まつしたこうのすけ》（パナソニックの創業者《そうぎょうしゃ》）1894～1989

あの人《ひと》のこういう所《ところ》がきらいだと、悪《わる》い所《ところ》を見《み》つけるのは簡《かん》単《たん》だ。でも、そうやって文句《もんく》を言《い》っているのは幸《しあわ》せなことかな？人《ひと》の悪《わる》い所《ところ》より、いい所《ところ》を見《み》つけるほうが心《こころ》が明《あか》るくなるし、相《あい》手《て》を好《す》きになれる。自分《じぶん》にとっても気持《きも》ちのいいことだよね。

だれだって、まちがえる。まちがえて大《おお》きくなる！

もし自分《じぶん》がまちがっていたと素直《すなお》に認《みと》める勇気《ゆうき》があるなら、災《わざわ》いを転《てん》じて福《ふく》となすことができる。過《あやま》ちを認《みと》めれば、周囲《しゅうい》のものがきみを見直《みなお》すだけでなく、自分自身《じぶんじしん》を見直《みなお》すようになるからだ。

デール・カーネギー（実業家《じつぎょうか》・ビジネスセミナー講師《こうし》）1888～1955

意地《いじ》をはって自分《じぶん》の言《い》い分《ぶん》を通《とお》そうしたり、正当《せいとう》化《か》したりするのは、自分《じぶん》の心《こころ》をくもらせること。大事《だいじ》なことに気《き》づけなくなってしまうよ。

親《おや》だってカンペキなわけじゃない

けっきょく、親《おや》だって、人間《にんげん》だもんな。ときには、ごかいでおこったり、やつあたりすることもあるよな。

藤子《ふじこ》・F《エフ》・不二雄《ふじお》（まんが画家《がか》）1933～1996

こんなふうに見方《みかた》を変《か》えて考《かんが》えると、何事《なにごと》に対《たい》しても心《こころ》が大《おお》らかになれるよ。

欠点《けってん》のない人間《にんげん》はないだろう。友人《ゆうじん》の欠点《けってん》をとがめ立《た》てていたら、この世《よ》に友人《ゆうじん》というものはないだろう。

高見《たかみ》 順《じゅん》（小説家《しょうせつか》）1907〜1965

だれでも欠点《けってん》の一《ひと》つや二《ふた》つ、あるよね。だからといって、欠点《けってん》をかくしてつき合《あ》っていたら、おたがいにつかれちゃう。欠点《けってん》もふくめて友《とも》だちをまるごと受《う》け入《い》れられたときこそ、本当《ほんとう》の友人関係《ゆうじんかんけい》になれるんじゃないかな。

心《こころ》を広《ひろ》く持《も》てば、生《い》きていくのも人《ひと》づき合《あ》いもラクになる

見方《みかた》を180度《ど》変《か》えてみると…

欠点《けってん》は常《つね》に裏《うら》から見《み》た長所《ちょうしょ》である。

徳冨蘆花《とくとみろか》（小説家《しょうせつか》）1868〜1927

見方《みかた》を変《か》えれば「ガンコ」は意思《いし》が強《つよ》い印《しるし》だし、「泣《な》き虫《むし》」は感受性《かんじゅせい》が豊《ゆた》かっていう長所《ちょうしょ》になるぞ。

長所《ちょうしょ》を増《ふ》やしたいきみへ

「人《ひと》の長所《ちょうしょ》を見《み》つける」というのも立派《りっぱ》な長所《ちょうしょ》だよ。そして、「人《ひと》の長所《ちょうしょ》をまねする」力《ちから》も、また長所《ちょうしょ》だ。

出典《しゅってん》 『松下幸之助 人生をひらく言葉』谷口全平（ＰＨＰ研究所）、『ドラえもん』３巻 藤子・F・不二雄（小学館）、『みみずのたはこと』徳冨健次郎 ※徳冨蘆花の本名（岩波書店）

ほめ上手《じょうず》になろう

使《つか》ってみたいほめ言葉《ことば》

心《こころ》にわいた「すごい！」という気持《きも》ちを、言葉《ことば》にして伝《つた》える術《じゅつ》を身《み》につけよう！

夏目漱石《なつめそうせき》が芥川龍之介《あくたがわりゅうのすけ》をほめた

あなたのものは大変大変《たいへんたいへん》面白《おもしろ》いと思《おも》います。

芥川龍之介《あくたがわりゅうのすけ》は大学生《だいがくせい》のときに短編小説《たんぺんしょうせつ》『鼻《はな》』を発表《はっぴょう》した。それを読《よ》んだ夏目漱石《なつめそうせき》が、芥川《あくたがわ》をほめたたえたときの言葉《ことば》。これによって、芥川《あくたがわ》は作家《さっか》としての名声《めいせい》を手《て》に入《い》れた。

ラリー・バードがマイケル・ジョーダンをほめた

あれはマイケル・ジョーダンという姿《すがた》をした神《かみ》にちがいない。

バードもジョーダンも、アメリカのプロ・バスケットボールの元名選手《もとめいせんしゅ》。これはジョーダンが1試合《しあい》で63得点《とくてん》を上《あ》げたとき、対戦《たいせん》チームにいたバードが思《おも》わず口《くち》にした言葉《ことば》。彼《かれ》の姿《すがた》に心底感心《しんそこかんしん》したんだ。

いとうせいこうがナンシー関《せき》をほめた

彼女《かのじょ》だけが本質《ほんしつ》を言《い》い当《あ》て続《つづ》けた。世界《せかい》を映《うつ》す真実《しんじつ》の鏡《かがみ》みたいだった。

ナンシー関《せき》は消《け》しゴム版画家《はんがか》、コラムニストとして活《かつ》やくした。2002年《ねん》に39歳《さい》で急《きゅう》に亡《な》くなったとき、作家《さっか》でタレントのいとうせいこうは、世《よ》の中《なか》をユーモラスに、ときにはするどい批評《ひひょう》をまじえてえがき出《だ》した彼女《かのじょ》を、「真実《しんじつ》の鏡《かがみ》」と表現《ひょうげん》して死《し》を悲《かな》しんだ。

アルベルト・アインシュタイン が マハトマ・ガンジー をほめた

来《き》るべき世代《せだい》の人間《にんげん》はきっと信《しん》じないだろう。こんな人間《にんげん》が、この大地《だいち》の上《うえ》を歩《ある》いていたことを。

原子爆弾《げんしばくだん》の開発《かいはつ》に深《ふか》い後《こう》かいを感《かん》じたアインシュタインは、晩年《ばんねん》、平和《へいわ》運動《うんどう》に力《ちから》をつくした。彼《かれ》が理想《りそう》としたのは、インドのマハトマ・ガンジーだった。ガンジーは、暴力《ぼうりょく》を一切《いっさい》使《つか》うことなく横暴《おうぼう》な政府《せいふ》にさからい、平和《へいわ》をうったえ続《つづ》けた。その姿《すがた》が、アインシュタインには尊《とうと》い奇跡《きせき》のように感《かん》じられたのだ。

坂本龍馬《さかもとりょうま》 が 西郷隆盛《さいごうたかもり》 をほめた

少《すこ》しく叩《たた》けば少《すこ》しく響《ひび》き、大《おお》きく叩《たた》けば大《おお》きく響《ひび》く。

※少《すこ》しく＝「少《すこ》し」のこと。

明治維新《めいじいしん》で活《かつ》やくした坂本龍馬《さかもとりょうま》は、西郷隆盛《さいごうたかもり》を測《はか》り知《し》れない人《じん》物《ぶつ》として、こう表現《ひょうげん》した。そしてこの言葉《ことば》の後《あと》に、「もし馬鹿《ばか》なら大《おお》きな馬鹿《ばか》で、利口《りこう》なら大《おお》きな利口《りこう》だろう」と続《つづ》けたという。

伊集院《いじゅういん》 静《しずか》 が 松井秀喜《まついひでき》 をほめた

私《わたし》は目《め》の前《まえ》の若者《わかもの》にいっぺんに惚《ほ》れ込《こ》むと同時《どうじ》に敬愛《けいあい》の念《ねん》を抱《いだ》いた。この若者《わかもの》をずっと見《み》つめていこうと思《おも》った。

年《とし》を取《と》って野球《やきゅう》をやめたら何《なに》をしたいかとたずねた作家《さっか》の伊集院静《いじゅういんしずか》に、プロ野球選手《やきゅうせんしゅ》の松井秀喜《まついひでき》は、読書《どくしょ》が好《す》きだったので、何《なに》か本《ほん》にかかわる仕事《しごと》をしてみたい、と率直《そっちょく》に答《こた》えた。強《つよ》がったりえらぶったりせず、誠実《せいじつ》に思《おも》いを語《かた》る松井《まつい》に、年上《としうえ》の作家《さっか》は強《つよ》く心《こころ》を打《う》たれたのだった。

出典《しゅってん》：『ねむりねこ』伊集院 静（講談社）、『清水義範のほめ言葉大事典』清水義範（白泉社）

“言葉《ことば》”について考《かんが》えよう

口《くち》に出《だ》す前《まえ》にちょっと考《かんが》えてみて

言葉《ことば》は心《こころ》である。言葉《ことば》に心配《こころくば》りがあるのは、その人《ひと》の人柄《ひとがら》を見《み》る鏡《かがみ》だ。

平岩弓枝《ひらいわゆみえ》(小説家《しょうせつか》) 1932～

きみの思《おも》いを伝《つた》えてくれるのは言葉《ことば》の力《ちから》だ。きみが何《なに》をどう話《はな》すか、その言葉《ことば》にきみの心《こころ》が映《うつ》し出《だ》されるんだ。

“本心《ほんしん》の出《だ》しどころ”を逃《のが》さないこと

本当《ほんとう》に心《こころ》の底《そこ》からでたことでなければ、人《ひと》の心《こころ》には決《けっ》してうったえないものだ。

ゲーテ(詩人《しじん》・小説家《しょうせつか》) 1749～1832

うわべだけの言葉《ことば》では、人《ひと》の心《こころ》にはひびかない。きみの本心《ほんしん》からの言葉《ことば》が大切《たいせつ》なんだ。

言葉《ことば》の力《ちから》を知《し》っておこう

たったひとことが人《ひと》の心《こころ》に温《あたた》かみを与《あた》え、たったひとことで人《ひと》の心《こころ》を傷《きず》つける。

永崎一則《ながさきかずのり》(話力総合研究所所長《わりょくそうごうけんきゅうじょしょちょう》) 1926～

やさしい言葉《ことば》をかけてもらうと、きみの心《こころ》はポカポカする。心《こころ》ない言葉《ことば》を投《な》げかけられると、きみの心《こころ》は傷《きず》つく。言葉《ことば》というのはよくも悪《わる》くも人《ひと》の心《こころ》に直《ちょく》接働《せつはたら》きかけるんだ。思《おも》いを言葉《ことば》にするとき、そのことを忘《わす》れてはいけないよ。

真実《しんじつ》は劇薬《げきやく》。ときに伝《つた》え方《かた》を工夫《くふう》しよう

冗談《じょうだん》は、しばしば真実《しんじつ》を伝《つた》える手段《しゅだん》として役立《やくだ》つ。

フランシス・ベーコン（政治家《せいじか》・哲学者《てつがくしゃ》）1561〜1626

そのまま言《い》うと相手《あいて》をおこらせたり悲《かな》しませたりしそうで、うまく伝《つた》えられないとき、ユーモアを交《まじ》えておもしろく話《はな》すとうまくいくことがある。大切《たいせつ》なのは相手《あいて》にきちんと伝《つた》わること。そのためには物《もの》の言《い》い方《かた》に工夫《くふう》が必要《ひつよう》なんだ。

無責任《むせきにん》なうわさ話《ばなし》に加《くわ》わらないこと

すべての悪《あく》のうち、うわさがもっともはやし。はやさは力《ちから》を加《くわ》え、進《すす》むに従《したが》いて精力《せいりょく》をうる。

プブリウス・ウェルギリウス（詩人《しじん》）BC70〜BC19

うわさ話《ばなし》はあっという間《ま》に広《ひろ》がって、大《おお》きな影響力《えいきょうりょく》を持《も》つようになる。なんともやっかいなものだね。

どんなに仲良《なかよ》しでも“口《くち》はわざわいの門《もん》”

最《もっと》も仲《なか》のよい同士《どうし》、たがいに認《みと》め合《あ》っている人々《ひとびと》も、たがいの考《かんが》えをすべて言《い》い合《あ》ったら、生《しょう》がいの敵《てき》になろう。

チャールズ・デュクロ（作家《さっか》）1704〜1772

たとえ親友《しんゆう》の間《あいだ》がらでも、自分《じぶん》の言葉《ことば》が相手《あいて》を傷《きず》つけることはある。仲良《なかよ》しだからといっても、人《ひと》を思《おも》いやる心《こころ》は忘《わす》れないでおこう。

言葉《ことば》で失敗《しっぱい》してしまったら

「ごめんなさい」と「ありがとう」、この二《ふた》つは、人間関係《にんげんかんけい》を丸《まる》くおさめてくれるまほうの言葉《ことば》だ。

出典《しゅってん》 『ものは言いよう』平岩弓枝（講談社）、『ちょっといい話 200 選』永崎 一則（ＰＨＰ研究所）、『学問の進歩』フランシス・ベーコン（岩波書店）、『アエネーイス』プブリウス・ウェルギリウス（岩波書店）

やっかいな感情《かんじょう》をコントロールするには

人《ひと》を許《ゆる》せたらそれはきみの財産《ざいさん》になる

他人《たにん》を許《ゆる》すことのできない人《ひと》は、自分自身《じぶんじしん》が渡《わた》らなければならない橋《はし》を壊《こわ》しているようなものだ。人《ひと》はだれでも許《ゆる》されなければならないからだ。

トマス・フラー（神学者《しんがくしゃ》・歴史家《れきしか》）1608～1661

人間《にんげん》はカンペキじゃないから、きみだってあやまちをおかすことがあるだろう。他人《たにん》を許《ゆる》せない人《ひと》は、自分《じぶん》も許《ゆる》してもらえない。やり直《なお》しのきくゆとりを持《も》つようにすると、いろいろな人《ひと》とつながれるし自分自身《じぶんじしん》も成長《せいちょう》するよ。

人《ひと》と比《くら》べていたらつまらない!

我《われ》は我《われ》、人《ひと》は人《ひと》にてよく候《そうろう》。

熊沢蕃山《くまざわばんざん》（陽明学者《ようめいがくしゃ》）1619～1691

どんなに他人《たにん》をうらやましがってみても、その人《ひと》になれるわけじゃない。きみにはきみの長所《ちょうしょ》があるし、短所《たんしょ》でさえ、見方《みかた》を変《か》えれば長所《ちょうしょ》になるもの。他人《たにん》と比《くら》べて落《お》ちこむのはやめて、自分《じぶん》の個性《こせい》を生《い》かしてみよう。

モヤモヤをためこまないこと

しないで済《す》むなら、
それに越《こ》したことはない。
だが、草抜《くさぬ》きにもこつがあって、
なるべく溜《た》めておかずに、
少《すこ》しでいいからまめに抜《ぬ》くのがいい。

庄野潤三《しょうのじゅんぞう》（小説家《しょうせつか》）1921〜2009

いやなことがあったら、ためておかず、こまめにはき出《だ》そう。モヤモヤをためこむといつかばく発《はっ》してしまうよ。

メールやネットが便利《べんり》だとしても

会《あ》って直《じか》に話《はな》すのが、
悪感情《あくかんじょう》を一掃《いっそう》する
最上《さいじょう》の方法《ほうほう》である。

エイブラハム・リンカーン（アメリカ合衆国《がっしゅうこく》第《だい》16代大統領《だいだいとうりょう》）1809〜1865

何《なに》か問題《もんだい》が起《お》きたときに解決《かいけつ》する早道《はやみち》は、会《あ》って話《はな》すこと。本当《ほんとう》の気持《きも》ちがわかり合《あ》えるし、誤解《ごかい》も解《と》けるはずだ。

憎《にく》しみにエネルギーを使《つか》うより…

憎《にく》しみは
人《ひと》を盲目《もうもく》にする。

オスカー・ワイルド（小説家《しょうせつか》）1854〜1900

憎《にく》しみによって真実《しんじつ》が見《み》えなくなったり、物事《ものごと》のわきまえがつかなくなるほど取《と》り乱《みだ》したりすることがある。それはもったいないことだよね。

おこりたいときだってあるさ

頭《あたま》にきたときは百《ひゃく》まで数《かぞ》えよ。
最悪《さいあく》のときは毒《どく》づけ。

マーク・トウェイン（小説家《しょうせつか》）1835〜1910

いかりをおさえて、冷静《れいせい》になろう。それでも気持《きも》ちがおさまらないなら、たまにはぱっと悪口《わるくち》を言《い》って、忘《わす》れてしまおう。

好《す》ききらいはあって当然《とうぜん》

しっと、憎《にく》しみ、いかりなどは、人間《にんげん》はだれもが持《も》っている。それをどうおさえるかがその人《ひと》の力《ちから》だ。

出典《しゅってん》 『集義和書』熊沢蕃山、『明夫と良二』庄野潤三（岩波書店）、『イギリス名作集・アメリカ名作集』（中央公論社）、『獄中記』オスカー・ワイルド

恋《こい》について知《し》っておきたいこと

恋《こい》も人間関係《にんげんかんけい》のうち。自分《じぶん》の都合《つごう》だけではうまくいかない

恋《こい》というものは、オーバーのように、着《き》たり脱《ぬ》いだりできるものじゃないんだ。

映画《えいが》「チャンピオン」より

恋《こい》は、自分《じぶん》の意思《いし》で始《はじ》めたり終《お》わらせたりできないもの。自分《じぶん》でも知《し》らない間《あいだ》に、だれかを好《す》きになっていたり、ある日突然《ひとつぜん》、好《す》きな人《ひと》にふられてしまったりする。思《おも》うようにいかないからこそ、恋《こい》はきらきらかがやくんだ。

両思《りょうおも》いになったら…

愛《あい》し愛《あい》されるということは、両側《りょうがわ》から太陽《たいよう》を浴《あ》びるようなものだ。

デイヴィッド・ヴィスコット（精神科医《せいしんかい》）1938～1996

両思《りょうおも》いになると、だれかを愛《あい》する喜《よろこ》びとだれかに愛《あい》される喜《よろこ》びの、両方《りょうほう》を味《あじ》わえるんだ。

片思《かたおも》いも大事《だいじ》じゃない？

恋《こい》をして恋《こい》を失《うしな》ったほうが、一度《いちど》も恋《こい》をしなかったよりもましである。

アルフレッド・テニスン（詩人《しじん》）1809～1892

恋《こい》をすると、うれしいことも悲《かな》しいこともたくさん経験《けいけん》する。そのすべてが、心《こころ》の財産《ざいさん》になるよ。

本当《ほんとう》のときめきって？

**初恋《はつこい》と最後《さいご》の恋《こい》のちがいを、ご存《ぞん》じ？
初恋《はつこい》は、これが最後《さいご》の恋《こい》だと思《おも》うし、
最後《さいご》の恋《こい》は、これこそ初恋《はつこい》だと思《おも》うもの。
……なのよ。**

トーベ・ヤンソン（画家《がか》・童話作家《どうわさっか》）1914～2001

何度《なんど》めの恋《こい》でも、真剣《しんけん》な思《おも》いにちがいはない。すべての恋《こい》が「初恋《はつこい》」で、「最《さい》後《ご》の恋《こい》」のようなもの。

恋愛《れんあい》も友情《ゆうじょう》と同《おな》じで、思《おも》いやりが大切《たいせつ》だ

**人《ひと》は愛《あい》することばかりを
学《まな》んではいけません。
愛《あい》されるように
努力《どりょく》することも大切《たいせつ》です。**

塩瀬信子《しおせのぶこ》（小説家《しょうせつか》）1941～1962

「愛《あい》される努力《どりょく》」って難《むずか》しいね。相手《あいて》を思《おも》いやったり、自分《じぶん》のよさをのばしたり心《こころ》がけよう。

知《し》れば知《し》るほど好《す》きになっていくのが愛《あい》すること

**人《ひと》を愛《あい》するということは
知《し》らない人生《じんせい》を知《し》るということだ**

灰谷健次郎《はいたにけんじろう》（児童文学作家《じどうぶんがくさっか》）1934～2006

「あなたの知《し》らないところに いろいろな人生《じんせい》がある あなたの人生《じんせい》が かけがえのないように あなたの知《し》らない人《じん》生《せい》も また かけがえがない」の後《あと》に続《つづ》く言葉《ことば》。愛《あい》するとは、相手《あいて》の人生《じんせい》を知《し》って、それを大切《たいせつ》に思《おも》うことなんだよ。

恋《こい》にあこがれるきみへ

だれかを好《す》きになるのはとてもすばらしいことだ。うわべだけじゃなく、中身《なかみ》を見《み》つめよう！

出典《しゅってん》　『イン・メモリアム』アルフレッド・テニスン（岩波書店）、『ムーミン谷の名言集』ユッカ・パルッキネン 編（講談社）、『ひとりぼっちの動物園』灰谷健次郎（あかね書房）

名言《めいげん》から学《まな》ぶ

恋《こい》のアドバイス

恋《こい》のアドバイスは、ほかの人間関係《にんげんかんけい》にも役立《やくだ》つもの!

恋《こい》も友《とも》だちも
“きっかけ”がなければ
自《みずか》ら作《つく》ろう!

アドバイス

男《おとこ》が求愛《きゅうあい》に成功《せいこう》したいなら、
まず言葉《ことば》より行動《こうどう》だ。

ロイヤル・タイラー(日本文学研究者《にほんぶんがくけんきゅうしゃ》)
1936〜

例《たと》えば…

アドバイス

あの女《おんな》が落《お》とした扇子《せんす》を拾《ひろ》え。
どうしたらよいかわからなくても
かまわないから。

ポール・エリュアール(詩人《しじん》) 1895〜1952

恋《こい》は頭《あたま》で計算《けいさん》する
ものじゃないってこと

アドバイス

頭《あたま》のいい人《ひと》は恋《こい》ができない。
恋《こい》は盲目《もうもく》だから。

寺田寅彦《てらだとらひこ》(物理学者《ぶつりがくしゃ》・文学者《ぶんがくしゃ》)
1878〜1935

それなら

アドバイス

ひと目惚《めぼ》れを
信《しん》じることよ。

サラ・ベルナール(女優《じょゆう》)
1844〜1923

恋《こい》のチャンスは
予告《よこく》なしにやって来《く》る!

アドバイス

恋愛《れんあい》は常《つね》に
不意打《ふいう》ちの形《かたち》をとる。

立原正秋《たちはらまさあき》(小説家《しょうせつか》)
1927〜1980

要《よう》するに

アドバイス

恋《こい》のチャンスは、
熟《う》れている時《とき》にもがなければ
ならない果物《くだもの》のようなものだ。
一度木《いちどき》から落《お》ちたら
二度《にど》とチャンスはないだろう。

ヴァレーヌ(小説家《しょうせつか》)生年月日不明《せいねんがっぴふめい》

どんな出会《であ》いがあるだろうとわくわくするのは、恋《こい》も友《とも》だちも同《おな》じだね。素敵《すてき》な人間関係《にんげんかんけい》を築《きず》いていこう。

出典《しゅってん》:『科学者とあたま』寺田寅彦(『寺田寅彦随筆集』所収　岩波書店)、『剣と花』立原正秋(講談社)

思《おも》いやりにあふれた
マザー・テレサの言葉《ことば》たち

たった一人《ひとり》の意志《いし》や行動《こうどう》が、人々《ひとびと》を共感《きょうかん》で結《むす》びつけ、世界《せかい》を変化《へんか》させたんだ。

大《おお》きなことを出来《でき》る人《ひと》はたくさんいますが、小《ちい》さなことをしようとする人《ひと》はごくわずかしかいません。

大切《たいせつ》なのは、どれだけたくさんのことや偉大《いだい》なことをしたかではなく、どれだけ心《こころ》をこめたかです。

愛《あい》の反対《はんたい》は憎《にく》しみではなく無関心《むかんしん》です。

やさしい言葉《ことば》は、たとえ簡単《かんたん》な言葉《ことば》でも、ずっとずっと心《こころ》にこだまする。

困難《こんなん》なときに、だれにも気《き》にかけてもらえないのは、本当《ほんとう》につらいことだ。反対《はんたい》に、だれかが気《き》づかってくれたら、それが強《つよ》く生《い》きる大《おお》きな力《ちから》になるんだよ。

マザー・テレサ
カトリック修道女《しゅうどうじょ》
1910～1997

最《もっと》も弱《よわ》い人々《ひとびと》と共《とも》に生《い》きた

ユーゴスラビアの町《まち》スコピエ（現《げん》マケドニア共和国《きょうわこく》の首都《しゅと》）で、3人兄《にんきょう》妹《だい》の末《すえ》っ子《こ》として生《う》まれました。キリスト教《きょう》を厚《あつ》く信仰《しんこう》する両親《りょうしん》のもとで育《そだ》ち、18歳《さい》で修道会《しゅうどうかい》（キリスト教《きょう》の布教《ふきょう》や慈善《じぜん》などの活動《かつどう》をする団体《だんたい》）に入《はい》り、インド行《い》きを命《めい》じられます。そこで、貧《まず》しい人《ひと》や病気《びょうき》の人《ひと》、親《おや》に見捨《みす》てられた子《こ》どもに寄《よ》りそって暮《く》らし、その人々《ひとびと》を救《すく》うために力《ちから》をつくしました。１９７９年《ねん》、ノーベル平和賞受賞《へいわしょうじゅしょう》。

出典《しゅってん》：『マザー・テレサ　愛の花束』中井俊巳（ＰＨＰ研究所）、『マザー・テレサのことば　神さまへのおくりもの』（女子パウロ会）

生命《せいめい》の尊《とうと》さが人《ひと》と人《ひと》をつなげている

自分《じぶん》の生命《せいめい》も他人《たにん》の生命《せいめい》もかけがえのない宝《たから》だ

あなたも、私《わたし》たちと同《おな》じように、望《のぞ》まれてこの世《よ》に生《う》まれてきた大切《たいせつ》な人《ひと》なのですよ。

マザー・テレサ（カトリック修道女《しゅうどうじょ》）1910〜1997

ときには自分《じぶん》はいなくてもいいんじゃないかと感《かん》じることがあるかもしれない。でも、赤《あか》んぼうは一人《ひとり》では生《い》きられない。今《いま》生《い》きているということは、だれかがきみに生《い》きてほしいと強《つよ》く願《ねが》い、育《そだ》ててくれたからなんだ。

何が正しいか、ちゃんとわかる人間《にんげん》になろう

人《ひと》と人《ひと》との絆《きずな》は、当《あ》たり前《まえ》の人間《にんげん》としての行動《こうどう》から生《う》まれてくるものだ。

杉原幸子《すぎはらゆきこ》（外交官《がいこうかん》、杉原千畝《すぎはらちうね》氏《し》の夫人《ふじん》）1913〜2008

杉原幸子《すぎはらゆきこ》の夫《おっと》・千畝《ちうね》は、戦争中《せんそうちゅう》、ドイツに弾圧《だんあつ》されていたユダヤ人《じん》を救《すく》うために力《ちから》をつくした人物《じんぶつ》だ。

人間関係《にんげんかんけい》の土台《どだい》は自分《じぶん》を大切《たいせつ》に思《おも》うこと

自分《じぶん》に誠実《せいじつ》でないものは、決《けっ》して他人《たにん》に誠実《せいじつ》であり得《え》ない。

夏目漱石《なつめそうせき》（小説家《しょうせつか》）1867〜1916

自分《じぶん》にうそをついていると、人《ひと》にもそれが伝《つた》わる。自分《じぶん》をおろそかにしてはいけないよ。

世《よ》の中《なか》を
よくするのは
「プラス1」の
気持《きも》ちだ

10もらったら自分《じぶん》の1を上乗《うわの》せして11にして次《つぎ》の人《ひと》へ渡《わた》す。

1年生《ねんせい》になったばかりのとき、上級生《じょうきゅうせい》のお兄《にい》さん、お姉《ねえ》さんにやさしくしてもらったかな。学校生活《がっこうせいかつ》が楽《たの》しくなる行事《ぎょうじ》もたくさんあったね。与《あた》えられる側《がわ》から、いつか与《あた》える側《がわ》になったとき、感謝《かんしゃ》の思《おも》いを一《ひと》つ足《た》していこう。

荒川《あらかわ》 弘《ひろむ》（まんが画家《がか》）1973〜

どんな人《ひと》にも心《こころ》があり、
“ほこり”がある!

きみがいじめられたとしたら、どんな気《き》がする。自分《じぶん》がいやなことは人《ひと》にもするな。

藤子《ふじこ》・F《エフ》・不二雄《ふじお》（まんが画家《がか》）1933〜1996

感情《かんじょう》のない人間《にんげん》なんていない。みんなきみと同《おな》じように、喜《よろこ》んだり、おこったり、泣《な》いたりするんだよ。

人《ひと》とのつながりを大切《たいせつ》にしよう

よい友《とも》だちを持《も》ち、よい人間関係《にんげんかんけい》を築《きず》くための最後《さいご》のアドバイスは、“自分《じぶん》や人《ひと》の生命《せいめい》を大切《たいせつ》に”だよ。

出典《しゅってん》 『六千人の命のビザ』杉原幸子（朝日ソノラマ）、『マザー・テレサ　あふれる愛』沖 守弘（講談社）、『行人』夏目漱石、『鋼の錬金術師』27巻　荒川 弘（スクウェア・エニックス）、『ドラえもん』37巻　藤子・F・不二雄（小学館）

参考文献

『世界名言大辞典』
梶山 健 編著（明治書院）
『日本名言名句の辞典』
尚学図書 編集（小学館）
『勇気がわいてくる世界の名言』
名言発掘研究会 編（はまの出版）
『人生の指針が見つかる「座右の銘」1300』
別冊宝島編集部 編（宝島社）
『生きる力がわいてくる名言・座右の銘 1500』
インパクト 編（永岡書店）
『「座右の銘」が見つかる本』
今泉正顕 著（三笠書房）
『生徒に贈る 夢と希望がふくらむ150の言葉』
佐藤充彦 著（学事出版）
『時代を変えた科学者の名言』
藤嶋 昭 編著（東京書籍）
『癒しの言葉』いのちの言葉　編集部 著
（角川春樹事務所）
『心に響くドラえもん名言集　ドラことば』
小学館ドラえもんルーム 編（小学館）
『友情について』
キケロー 著（岩波書店）
『世界たべものことわざ辞典』
西谷裕子 編（東京堂出版）
『世界ことわざ辞典』
北村孝一 編（東京堂出版）
『広辞苑　第六版』
新村 出 編（岩波書店）

その他、地方自治体、公共機関、新聞社などのHPを参考にさせていただきました。

◆出典は可能な限り、名言掲載ページに記載しています。出典には、現在絶版になっている書籍もあります。また、記載した書籍以外にも、その言葉が登場する本がある場合もあります。複数の出版社から発行されている古典作品については、出版社を明記していないものもあります。

◆本書で使用している表記は、現代かなづかいに統一しています。漢字の表記は、原則として新字体を使用しています。原典にはなくても、漢字にはすべてルビをふっています。現在あまり見られない漢字は、かなに直して載せています。

シリーズのご案内《あんない》

1 人生《じんせい》　人《ひと》はなぜ生《い》きるのか？
2 友《とも》だち　人間関係《にんげんかんけい》になやんだら
3 ピンチ　かべにぶつかったとき
4 勝負《しょうぶ》　強《つよ》い心《こころ》を育《そだ》てるために
5 夢《ゆめ》・希望《きぼう》　未来《みらい》を明《あか》るく照《て》らす

好《す》きになった言葉《ことば》はあったかな？

監修　座右の銘研究会
装丁・本文デザイン　T.デザイン室（倉科明敏・林淳介）
表紙・本文イラスト　ナガタヨシコ
編集　教育画劇（清田久美子）
オフィス303（桑原るみ）

見《み》つけよう！
ぼくの、わたしの、座右《ざゆう》の銘《めい》 ② 友《とも》だち

2012年 4月1日　初版発行
2022年 4月15日　4刷発行

発 行 者　升川和雄
発 行 所　株式会社教育画劇
〒151-0051 東京都渋谷区千駄ヶ谷 5-17-15
TEL 03-3341-3400　FAX 03-3341-8365
http://www.kyouikugageki.co.jp

印 刷 所　大日本印刷株式会社
DTP制作　株式会社オフィス303

N.D.C.159　32p　280 × 210 cm　ISBN 978-4-7746-1650-6 C8095
（全5冊セットISBN 978-4-7746-1648-3）

我は我、人は人にてよく候。

人の心はパラシュートのようなも
開かなければ使え